Inhalt

Buddhismus - Einführung in die Praxis und Geschichte

Julian Grubzeller

Vorwort

Der Buddhismus ist die viertgrößte Religion der Welt. Er ist vor allem in Süd- und Ostasien sehr populär. Weltweit gehören ihm mehr als 450 Millionen Menschen an. Den Ursprung des Buddhismus können wir nach Indien legen. Hier fand er seine Gründung auf den Lehren des historischen Buddhas im vierten Jahrhundert. Siddhartha Gautama, der historische Buddha, hatte mit 35 Jahren ein für ihn sehr lebensveränderndes Erlebnis, das er als das „Erwachen" titulierte. Aus diesem Erlebnis heraus verkündete er nun von diesem Zeitpunkt an eine buddhistische Lehre, die er selbst entworfen und formuliert hatte.

Für jeden Menschen, der sich der buddhistischen Praxis und Religion anvertraut, ist dieses Erwachen das höchste Ziel, das er erlangen kann. Mit diesem Erwachen ist gemeint, dass der praktizierende Mensch eine Einsicht in die Grundbedingungen jeden Lebens bekommt und somit sein leidbehaftetes Dasein überwinden kann. Dieses letztendliche Erwachen nannte der historische Buddha in seiner Lehre das „Bodhi“.

Um dieses zu erlangen, war es dem historischen Buddha sehr wichtig, dass die Praktizierenden immer den rechten mittleren Weg gingen und nicht zu einem Extrem abwichen. Dies unterscheidet den Buddhismus auch von anderen Religionen.

In anderen Religionen ist es üblich, dass es den einen Gott gibt. Dieser wird angebetet und hat einen Stand der Vergötterung.

Im Buddhismus ist das nicht so, der Buddhismus basiert auf einer Lehre des ursprünglichen Buddhas. Er hatte während einer Meditation die Erleuchtung und möchte im Buddhismus nun auch die Praxis an andere weitergeben um den Weg der Erleuchtung zu finden.

Die buddhistische Lehre hat ihre Wurzeln in den vier edlen Wahrheiten, die Gegenstand der ersten und ursprünglichen Lehre waren. In der ersten edlen Wahrheit geht es darum, dass das Leben jedes Menschen leidvoll ist. Die zweite Wahrheit besagt, dass Hass, Gier und Verblendung der Grund dafür ist, dass das Leben jedes Menschen leidvoll ist. Die dritte Wahrheit verkündet, wie jeder es schafft, dieses Leid zu beenden. Dafür nennt er die Ursache, die zunächst einmal beseitigt werden muss. Die vierte Wahrheit behandelt den Weg, der gegangen werden muss, um dieses Ziel zu erreichen. Dieser Weg wird von den Buddhisten auch als edler achtfacher Pfad bezeichnet. Auch dieser geht auf die Lehren des ursprünglichen Buddhas zurück, gleichzeitig bildet dieses auch eine der wenigen Gemeinsamkeiten, die alle buddhistischen Schulen noch miteinander haben.

Die Geschichte des Buddhismus

Als der historische Buddha gestorben war, wollten die Anhänger und Schüler des Buddhismus sicherstellen, dass seine Lehren über seinen Tod hinaus weiter in die Welt getragen werden. Sie schlossen sich zusammen und stellten hierfür diverse Regeln auf, besprachen diese und hielten sie für Mönche fest.

Die daraus folgende Überlieferung, die fast ein Jahrhundert lang anhielt, erfolgte ausschließlich über den Weg der mündlichen Kommunikation. Danach gab es wieder eine Zeit, in dem sich die Anhänger trafen und ein weiteres Konzil abhielten um die Regeln der Mönche zu diskutieren. Denn es ergab sich, dass an verschiedensten Orten die Regeln unterschiedlich ausgelegt und gelebt wurden. Das hatte zur Folge, dass im Laufe der Zeit verschiedene Schulen entstanden. Sie hatten alle als Grundgedanken die Lehre des Buddhas befolgt, sie doch unterschiedlich interpretiert und gelebt.

Eine dritte Zusammenkunft der Anhänger bildete im dritten Jahrhundert vor Christus einen deutlichen Gegensatz zu der Eröffnung vieler unterschiedlicher Schulen. Sie erklärten das Ziel dieser Zusammenkunft darin, wieder eine einheitliche buddhistische Lehre zu schaffen und diejenigen aus dem Kollektiv auszuschließen, die nach anderen Regeln lebten oder die Lehren des historischen, ursprünglichen Buddhas anders auslegten. Zu diesem Zeitpunkt wurden dann auch erstmals zahlreiche Schriftstücke erstellt, in denen die philosophische Abhandlung, aber auch die Ordensregeln, festgehalten wurden.

Jedoch konnten sich nicht alle mit diesem Ziel identifizieren und so kam es zu einer Spaltung der buddhistischen Mönche. Auf der einen Seite standen diejenigen, die dem alten Weg weiter folgen wollten und darauf bestanden, dass nur allein die ursprüngliche

Regel weitertransportiert wurde und diese auch zu gelten hatte. Die andere Seite bildete eine der frühen buddhistischen Schulen, die sich nicht auf eine genaue Abgrenzung beschränken wollte und demnach auch Schriften aufnahmen, wo nicht 100-prozentig feststand, dass die darin enthaltenen Lehren dem ursprünglichen, historischen Buddha entsprangen.

In den Jahren darauf verbreitete sich die buddhistische Lehre weit über die Grenzen Indiens hinaus und wurde im Süden sowie Osten Asiens immer populärer. Dafür musste der Buddhismus in seinem Ursprungsland, Indien, immer mehr an Verdrängung hinnehmen. Diese Verdrängung war darauf zurückzuführen, dass sich immer mehr Menschen in Indien dem Hinduismus zuwandten, andererseits aber auch daher, dass der Islam als Zwang auferlegt wurde und diese Zwangsislamisierung auch mit Druck und teils brutalen Mitteln durchgesetzt wurde.

Gerade heute kann man immer noch die Unterschiede erkennen, die sich aus der Gegensätzlichkeit der dritten Zusammenkunft ergeben hatten. Es gibt immer noch die eine Seite, welche an der Lehre des historischen Buddhas festhält. Dann gibt es aber auch noch die andere Seite, die eine Vermischung mit anderen Philosophien und Kulturen akzeptiert.

Heute hat der Buddhismus die weiteste Verbreitung in China, Japan und Bhutan. In Indien war der Buddhismus als Religion fast komplett ausgestorben. Doch nach und nach etabliert er sich hier nun auch wieder und die Menschen finden erneut ein gewisses Interesse an der buddhistischen Lehre.

1885 wurde die World Fellowship of Buddhists gegründet und damit eine internationale buddhistische Flagge. Das zeigt auch, dass eine internationale Zuwendung zum Buddhismus immer mehr erkennbar ist.

In Österreich hat der Buddhismus es sogar schon geschafft, als Religion staatlich anerkannt zu werden.

Die Grundlagen der buddhistischen Praxis sind die vier Edlen Wahrheiten. Die erste edle Wahrheit besagt, dass das Leben in der Regel von Leid über Krankheit bis Tod geprägt ist. Die zweite edle Wahrheit besagt, dass dieses Leid nur durch Gier, Hass und Verblendung verursacht wird. Die dritte edle Wahrheit besagt, dass alles zukünftige Leid durch die Vermeidung dieser Ursachen nicht entstehen kann und somit durch die Vermeidung dieser drei Punkte Glück entsteht. Die vierte edle Wahrheit besagt, dass die Mittel um das Leid zu vermeiden und damit ins Glück zu kommen, in der Ausübung des Edlen Achten Pfades liegen. Der edle achte Pfad besteht aus rechter Erkenntnis, guter Absicht, rechter Rede (nicht Lügen), rechten Taten, einem rechten Lebenserwerb, der Übung, Achtsamkeit und Meditation.

Bei rechter Ausübung ist gemeint, dass es sich immer um die Vermeidung der einzelnen Punkte handelt.

In der buddhistischen Lehre geht es darum, dass alle Wesen, die noch unerleuchtet sind, einen endlosen Kreislauf von Geburt und somit Wiedergeburt unterworfen sind. Das Ziel der buddhistischen Praxis ist es, sich aus dem Nirwana herauszuarbeiten und somit den Kreislauf des immerwährenden Leidens zu durchbrechen. Dieses Ziel soll jeder praktizierende durch die Vermeidung von Leid, also durch rechtes und ethisches Verhalten, bekommen. Durch diese Ausübung sollen auf dem rechten Wege das Leid und die Unvollkommenheit überwunden werden und somit das Erwachen in den Zustand von Nirwana gebracht werden. Im Nirwana gibt es kein Leiden mehr und der Zustand von vollkommenem Glücks ist aktiv.

Jeder, der Zuflucht zu Buddha, den Lehren und dem Weg zu diesem Zustand oder zur Gemeinschaft der Praktizierenden aufnimmt, zeigt seinen Willen, dass er die Praktiken anerkennt und die Praxis der edlen vier Wahrheiten sowie die Zugehörigkeit zur Gemeinschaft der Praktizierenden aufnehmen möchte. Die Gemeinschaft der Praktizierenden selbst unterteilt sich in verschiedene Gemeinschaften. Es gibt einmal die Gemeinschaft der Laien und die Gemeinschaft der Mönche und Nonnen, die in den Orden konvertiert sind.

Im Groben kann man sagen, dass es das Ziel der Buddhisten ist den Kreis des Leidens und der Wiedergeburt, in dem sich der Vorstellung nach der Buddhisten alle Menschen befinden, durch das sogenannte Erwachen zu durchbrechen und dadurch der Zustand von Nirwana erreicht wird. Um zu diesem Ziel zu gelangen, beschreibt es den Weg durch ethisches Verhalten und die Praxis der Meditation.

Buddhismus früher und heute

Früher war der Buddhismus nur in den indischen und asiatischen Ländern vertreten. Doch diese Religion schwappte mit den Jahrhunderten der Praxis nach und nach auch immer mehr in die westlichen Länder über. Doch gerade in Westeuropa wird der Buddhismus heute nicht mehr als Religion gelebt, sondern man versteht den Buddhismus dort eher als eine Lebenseinstellung um in die eigene Mitte und die Meditation zu finden.

Zudem gab es früher nur die alleinige buddhistische Prägung des ursprünglichen Buddhas. Durch die vielen Überlieferungen und individuellen Weiterentwicklungen sind die verschiedenen buddhistischen Schulen entstanden. Sie haben, wie wir im weiteren Kontext noch erfahren werden, verschiedene Prägungen und Ausrichtungen. Jede Schule hat sich auf etwas „spezialisiert". Somit gibt es nicht mehr nur den einen Buddhismus, sondern für jeden ist etwas dabei.

Durch die vielen Einwirkungen verschiedenster Praktizierender hat der Buddhismus auch eine offene Art bekommen. Vielleicht noch weltoffener, als er es früher ohnehin schon war. Die vielen verschiedenen Schulen und Einflüsse haben es uns auch in einer besonderen Art und Weise leichter gemacht, den Umgang zu pflegen und die Lehren in uns aufzunehmen. Vielleicht hat auch die meditative Praxis heute noch einen spezielleren und effektiveren Einfluss auf uns als früher in der Ursprungszeit.

Gerade, in unserer jetzigen, schnelllebigen Zeit, sind wir oft nicht mehr bei uns. In der Meditation können wir in uns gehen, was uns hilft unsere eigene Mitte wieder zu entdecken. Was der ursprüngliche Buddha uns in seiner Erleuchtung zeigen möchte, kann jeder erlangen. Jedem steht die Möglichkeit offen, in dieser wunderbaren spirituellen Umgebung die Erleuchtung zu erfahren und somit in das Nirwana aufzusteigen.

Am Anfang des 20. Jahrhunderts wurden immer mehr Europäer auf die Vorzüge des Buddhismus aufmerksam und suchten die spirituelle Erfahrung. Somit zogen sie in den Osten, in die Ursprungsländer des Buddhismus und studierten dort. Viele von ihnen traten dann anschließend auch in den buddhistischen Mönchsorden ein und übersetzten zahlreiche Schriften ins Deutsche. Mit der deutschen Übersetzung gewann der Buddhismus auch immer mehr Popularität in Deutschland. Sie begegneten dem Buddhismus direkt und setzten sich immer mehr mit den Lehren auseinander.

Ein ganz bekannter vietnamesischer Mönch, Thich Nhat Hahn, zog im Umkehrschluss in den fünfziger Jahren in die westlichen Länder und verbreitete dort den Buddhismus. Es gibt heute zahlreiche Bücher, die er verfasst hat, die, wenn man sich mit dem Buddhismus beschäftigt, unumgängliche Literatur bedeuten.

Heute haben sich alle Schulen des Buddhismus auch im Westen verbreitet.

Verschiedene Wege und Arten des Buddhismus

Wie oben schon eingehend beschrieben, gründete Siddhartha Gautama, ein indischer Prinz, den Buddhismus. Er war im Hinduismus aufgewachsen und übernahm auch von dort den Glauben an den Zyklus der Wiedergeburt. Aber als zentrales Thema beschäftigte er sich mit dem Leiden der einzelnen Geschöpfe.

Eines Tages hatte der junge Prinz die schützenden Mauern seines Palastes verlassen und sah in der Bevölkerung Tod, Krankheit und Elend. Zu diesem Zeitpunkt wurde ihm klar, dass seine Welt bis jetzt nur aus Spaß bestanden hatte, aber das Leben in der Wirklichkeit nicht nur aus Spaß, sondern auch aus Leid und Elend bestand. Mit 29 Jahren verließ er dann den Palast seines Vaters und zog zusammen mit seiner Frau und seinem jungen Sohn als Wandermönch durch die Gegend. Nach 6 Jahren fand er einen Weg, um die Ursache für das Leiden zu beenden. Dieser Moment wird in der Geschichte als Buddhas Erleuchtung beschrieben. Somit wurde aus Siddhartha Gautama, Buddha Shakyamuni.

Buddha machte immer nur Aussagen, die sich auf eine bestimmte Lage oder Situation bezogen und die die persönlichen Einstellungen, Voraussetzungen und Fähigkeiten jedes Schülers berücksichtigten. Das Resultat daraus war, dass sich eine äußerst umfassende und vielfältige Sammlung an verschiedenen buddhistischen Lehren ergab. Buddha selbst unterteilte diese nie. Aber es bildeten sich daraus viele unterschiedliche Wege für geistige Entwicklungen, in denen jeweils andere Zugänge und Methoden der Umsetzung im Vordergrund standen. Die Schwerpunkte der einzelnen Wege lagen meist in der Verschiedenheit der Meditationspraxis.

Doch egal welche Einteilung man im Buddhismus vornimmt, sollte man nie vergessen und verstehen, dass es sich nicht um Gegensätze handelt, sondern um verschiedene Zugänge, die sich gegenseitig ergänzen und aufeinander aufbauen.

Theravada – Die Schule der Ältesten

Theravada ist die Schule der Ältesten und bedeutet so viel wie „kleiner Weg“. Diese Form ist die bis heute noch existierende und auch älteste Schultradition des Buddhismus. Sie ist heutzutage vor allem in Ländern wie Sri Lanka, Myanmar, Kambodscha, Laos oder Thailand verbreitet.

In der Schule der Ältesten geht es hauptsächlich darum, den Geist zu beruhigen, ihn festzuhalten, um dadurch Leid und Schwierigkeiten im Alltag zu vermeiden.
Gerade in südasiatischen Ländern hat das Mönchsein eine sehr hohe Stellung. Doch nur weil Theravada der kleinere Weg ist, ist er im Gegensatz zu dem großen Weg nicht minderwertig.
Der Schwerpunkt des kleinen Weges liegt in der Übung des positiven äußeren Verhaltens und dem Vermeiden von schwierigen Situationen, was häufig mit dem Dasein von Mönchen und Nonnen verbunden ist.

Auf lange Sicht kann man mit diesem Weg eine angenehme Rückkopplungserfahrung haben.

Dieser Weg wird unterstützt von beruhigenden Meditationen und dem Weg der Einsicht, welcher aufzeigt, dass die Grundlage aller Schwierigkeiten keine unabhängige Existenz besitzt. Somit kann das Ziel dieses Weges, nämlich die Befreiung von allem Leid, erreicht werden.

Ein wirklicher Besieger des Feindes ist somit jemand, der den Zustand der inneren Ruhe in sich verwirklicht hat, indem er alle geistigen Tendenzen, die ihn an der Vorstellung eines unabhängigen Ichs festhalten lassen, besiegen kann.

Mahayana – Der große Weg

Dieses ist die zweite der drei Hauptrichtungen, welche im Buddhismus vorkommen. Hier steht die Entwicklung von Weisheit, tatkräftiger Liebe und Mitgefühl im Mittelpunkt.
Es geht den Praktizierenden darum, dass ihr Leben für sich aber auch für andere Menschen sinnvoller und somit reicher wird.

Bei diesem Weg wird nicht das äußere Verhalten betont, sondern die ihm zugrundeliegende Motivation aus sich selbst heraus. Es geht darum die eigenen Fähigkeiten zur Vollendung zu bringen, um allen Wesen in bestmöglicher Weise einen Nutzen bieten zu können.

Das vollendete Ergebnis dieses Weges ist die „Buddhaschaft“, in der alle geistigen und spirituellen Eigenschaften zur vollen Reifung gebracht werden.

Der Weg des großen Weges wird heutzutage vorwiegend in Japan, Tibet, Bhutan, Taiwan, Vietnam, China und Korea gegangen, sowie in Teilen der Mongolei und ostasiatischen Teilen von Russland.

Vajarayana – der Diamantweg

Vajrayana wird auch der Diamantweg genannt und begründet sich in seinen Belehrungen auf Buddha selbst. Der Diamantweg ist für all diejenigen gedacht, die im grundlegenden Vertrauen in ihre eigene Buddha-Natur und die aller Lebewesen haben.

Primär geht es auf dem Diamantweg darum, die Sichtweise zu pflegen, dass jedem Wesen alle erleuchteten Eigenschaften leibhaftig sind und sie die verschiedensten Arten der Weisheit schon immer in ihrem Geist innehatten.

Unter die erleuchteten Eigenschaften fallen Werte wie Furchtlosigkeit, Mitgefühl und Freude. Um diese zu sehen, müssen nur die Schleier beseitigt werden, die bis jetzt verhindert hatten, dass einem diese Erfahrung zu Teil geworden ist.

Als Lebewesen, dem diese wunderbaren Eigenschaften bewusst geworden sind, übt man sich darin, alles auf der höchstmöglichen und reinsten Ebene zu erleben und so den Reichtum, den man in dieser Lebenslage erfährt, zu erhalten.

Diese Lehre hat ihren Ursprung in der Mongolei und breitete sich von dort nach Burjatien und Tuwinien aus. In Indien ist diese Lehre meist gar nicht mehr anzutreffen, sie wurde weitestgehend aus Indien verbannt. In Bhutan gilt der Diamantweg als Staatsreligion.

Zen – Buddhismus

Der Zen- Buddhismus ist der Name einer Schule, die im 6. Jahrhundert in China entstand. Sie bezieht sich im weitesten Sinne auf den großen Weg. Auch sie beruft sich dementsprechend auf Erklärungen, die Buddha seinen Schülern einst gegeben hatte.

Etliche Zen-Schulen betrachten Konventionen und elementares Wissen als nutzlosen Ballast. Die Erleuchtung sollen die Praktizierenden durch selbst entstandene Einsicht als blitzartigen Durchbruch bekommen. Sie vereinfachen das Leben, um sich weniger von der Mediation ablenken lassen zu können. Stattdessen versuchen sie in stundenlanger Sitzmeditation oder Nachsinnen über paradoxe Fragen den ständigen Strom ihrer inneren Vorstellungen zur Erschöpfung zu bringen.

Vorteile der Buddhismus-Lehre für uns

Im Gegensatz zu anderen Religionen sind in der Geschichte des Buddhismus verschiedene Lehren entstanden, in denen man den individuell passenden Zugang für sich finden kann.
Der Buddhismus ist keine starre Religion, sondern hat sich im Laufe der Tradition mit unterschiedlichen Lehren und verschiedenen Kulturen auseinandergesetzt und sich immer wieder angepasst. Aus diesem Grund gilt der Buddhismus auch aufgeschlossen für Neuerungen und bietet Gläubigen die Möglichkeit zur eigenen Entfaltung an.

Der Buddhismus bietet für uns den Vorteil, dass es kein Gottesbild gibt, und somit auch keine göttlichen Gebote und Sünden. Dies bietet den Vorteil, dass es keine Druckmittel zur emotionalen Abhängigkeit und Erpressbarkeit gibt.

Alle Lehren, die Buddha etabliert hat und die als Folge der verschiedenen Wege im Laufe der Zeit entstanden sind, sollen immer wieder kritisch hinterfragt werden. Somit gibt Buddha nicht vor, dass nur seine Religion die einzig wahre ist, sondern er gibt uns die Möglichkeit seine Lehren zu hinterfragen und unsere eigenen Gedanken hier einzubinden. Der Buddhismus bietet für jeden Anhänger eine Art grundlegendes Gelübde, welches jedem ermöglicht, ein Leben ohne Leiden bzw. mit wenig Leiden erschaffen zu können. Jeder Anhänger des Buddhismus hat in seiner Lebensgestaltung Freiheiten, die es in anderen Religionen so nicht gibt. So schreibt Buddha zum Beispiel niemandem vor wie er in Bezug auf Familie, Kleidungsstil, familiärer Prägung und Sexualität zu leben hat. Diese Punkte sind in dieser Religionsform jedem selbst überlassen. Oft gibt es das falsche Trugbild, welches beschreibt, dass jeder, der dem Buddhismus angehört, Vegetarier sein muss. Doch dieses wird von keinem Gläubigen und in keiner Schrift gefordert. Jeder darf in seiner Lebensweise die passende Ernährungsform für sich selbst wählen.

Es gibt nur ein paar einzelne kleine Gruppen, die in der Offensive um Mitglieder werben. Jedoch ist der Buddhismus eine Religion, die vergleichsweise wenig Außenwerbung bzw. einen niedrigen Missionierungsdrang nach außen hin lebt. Das, was viele Menschen in ihrer Religion als Gebet an Gott richten, ist im Buddhismus die Art der Meditation. Durch die buddhistische Meditation können Praktizierende eine größere Klarheit über sich und die Haltung zur Welt gewinnen. Dies hat eher einen Therapiecharakter als ein spezifisches Gebet, das an Gott gerichtet wird.

Ich habe schon oft gehört, dass verschiedenste Religionen für Handlungen Ausreden suchen, wie zum Beispiel „das war Gottes Wille“ oder „das ist dem Schicksal geschuldet“. Im Buddhismus übernimmt jeder selbst die volle Verantwortung für sein Handeln und seine Aussagen. Somit hat auch jede Handlung eine Folge, die sich direkt oder indirekt wieder auf uns selbst auswirkt. Da es im Buddhismus keinen Gott gibt, findet auch keine göttliche Vergebung von schlechten Taten statt. Somit gibt es kein Konzept, womit die Verantwortung von sich selbst auf einen anderen abgeschoben werden kann oder man seine schlechten Taten emotional erstattet bekommt.

Die vier Siegel des Buddhismus

Alle Grundlagen und alle Erklärungen, die du im Buddhismus erhältst, basieren auf der Lehre der vier Edlen Wahrheiten, die von Buddha im ersten Rad der Lehre dargelegt wurden.

Die vier Siegel, welche die Zusammenfassungen der vier Lehren darstellen, hängen mit den vier Edlen Wahrheiten sehr eng zusammen.

Die vier Siegel, auf denen alle buddhistischen Erklärungen basieren, lauten:

- Alle Produkte sind unbeständig
- Alles Befleckte ist leidhaft
- Alle Phänomene sind leer und ohne Selbst
- Nirwana, die Befreiung, ist Frieden und das endgültige Glück.

Das erste Siegel

Das erste der vier Siegel beschreibt, dass alle Produkte unbeständig sind. Wenn wir einen ersten Blick auf Dinge werfen, egal ob Ding oder Ereignis, scheinen sie alle eine gewisse Beständigkeit und somit eine Dauerhaftigkeit zu haben. Das bedeutet, dass sie uns unveränderlich erscheinen.

Ein Beispiel: Du stehst vor einer jahrhundert- oder jahrtausendalten Stadt, einem Schloss oder einem Land und du denkst, dass du das Gefühl hast alles handele sich um ein beständiges Phänomen. Es war immer in der gleichen Weise vorhanden und wird auch in Zukunft immer in der gleichen Weise so weiter existieren. Die Wirklichkeit zeigt uns aber, dass es sich ganz anders verhält: denn selbst wenn etwas über hunderte oder tausende Jahre in Bestand ist, setzt sich diese unendlich lange Zeit aus vielen einzelnen Jahren, Epochen und Abständen zusammen. Jedes einzelne Jahr besteht aus

Monaten, die Monate bestehen aus Tagen, jeder einzelne Tag aus Stunden, jede Stunde aus Minuten, und die Minuten wiederum aus Sekunden und so kannst du die Reihe immer weiter fortsetzen. Denn jede einzelne Sekunde ist wieder nur eine Ansammlung von Bruchteilen eines einzelnen Augenblickes. Jeder Augenblick ist nur einmal vorhanden und löst sich schon im nächsten Moment unwiederbringlich in der Vergangenheit auf.

Somit existieren alle Dinge, alle Ereignisse und Erlebnisse nur in einer momentanen Art und Weise und gehören im nächsten Schritt schon wieder der Vergangenheit an. Die Vergangenheit ist unwiederbringlich, und diese Unwiederbringlichkeit umgibt uns alle in unserer Existenz.

Alle Ursachen, alle Umstände und alle Produkte, die jemals entstanden sind, bestehen in solch einem Ablauf des momentanen Momentes, der momentanen Art und

Weise und sie bleiben keinen zweiten Augenblick lang identisch.

Dieses Phänomen trifft auf alle Dinge und Ereignisse zu, und genau deshalb lautet das erste Siegel, dass **alle Produkte unbeständig sind**.

Das zweite Siegel

Im zweiten Siegel geht die Lehre darauf ein, dass alles, was befleckt ist, mit Mitleid verbunden ist. Somit sind alle Dinge, die wir erleben und die mit fehlerhaften Geisteszuständen wie Begierde und Unwissenheit im Zusammenhang stehen, eine befleckte Natur und damit mit Mitleid verbunden.

Oft erscheinen uns die Dinge, vor allem sind hierbei Sinnesobjekte gemeint, eher attraktiv und rein. Das sagt aus, dass sie in jeglicher Hinsicht all unsere Wünsche und Begierden befriedigen könnten. Dementsprechend Streben wir diese Dinge an, sei es mit dem eigenen Körper, mit dem Körper von anderen oder seien es Gebrauchsgüter welcher Art auch immer.

Wenn wir diese Dinge in unserem Besitztum aufnehmen, scheint es, als wären unsere Wünsche im ersten Moment ganz und gar erfüllt. Doch im

Hinterstübchen weiß jeder, dass dieser Zustand nicht von fortlaufender Dauer sein wird. Nach kurzer Zeit werden sich Nachteile zeigen, mit denen dieses oder jenes Objekt behaftet ist und wir werden wieder den Wunsch in uns spüren etwas Besseres und Erfüllenderes besitzen zu wollen.
Somit brauchen wir im nächsten Schritt wieder etwas Neues, das Alte entspricht in keinster Weise mehr unseren Vorstellungen oder der Moderne und unsere Wünsche sprudeln von Neuem mit Begierde aus uns heraus.

Diese befleckten Gegenstände werden nie unsere Wünsche erfüllen können, sondern ganz im Gegenteil, sie verursachen immer eine nicht mindere Zahl von Schwierigkeiten, die wir zu dem Zeitpunkt der Anschaffung bzw. der Erfüllung des Wunsches noch nicht bedacht hatten.

Somit können wir sagen, dass all die befleckten Objekte, die wir im Rausch unserer Begierde für uns oder für andere sehr attraktiv gehalten haben, unmöglich unsere tiefsten und herzlichsten Wünsche befriedigen können. Letztendlich sind sie immer alle mit Mitleid und Problemen in Verbindung und können unser hiesiges Dasein nicht vereinfachen.

Der Wunsch nach mehr und Besserem wird immer fortlaufend in uns bestehen. Deshalb lautet eine Grundannahme im Buddhismus, das zweite Siegel, das **alles Befleckte mit Leid behaftet ist**.

Das dritte Siegel

Das dritte Siegel erklärt uns, dass alle Phänomene leer und ohne ein Selbst sind. Wenn wir in Verbindung mit anderen Objekten stehen, kommen in uns negative Geisteszustände auf wie Hass und Begierde.
Um diese Leidenschaften spüren zu können, liegt dem Allen eine grundlegende Täuschung zugrunde. Denn wir sehen die eigentliche Wirklichkeit nicht. Uns sind die Augen vor der Realität, unserer eigenen Person und anderen Objekten auf die wir treffen, verschlossen. In dieser Verblendung schreiben wir jedem Objekt eine eigenen Identität und Existenz zu. Jedes Objekt hat somit ein eigenständiges Selbst.
Doch in Wahrheit besitzt keines dieser Dinge ein eigenes Selbst. Keines von ihnen hat eine eigenständige Existenz. Sie sind alle leer. Alles was in dieser Existenz ist, kann nur durch eine Vielzahl von anderen Faktoren bestehen und entstehen. Zu diesen Faktoren zählen Ursachen, Umstände, Teilen und Benennungen. Nur

durch die Abhängigkeit vieler Faktoren kann irgendein Phänomen überhaupt bestehen. Sei es durchdrungen durch die eigene Person oder ein anders gebundenes Phänomen. Niemand ist von seiner Existenz her allwissend oder erkennt die Wirklichkeit korrekt, denn das hat die Natur nicht so vorgesehen. Unser Bewusstsein ist deshalb behaftet mit Unwissenheit und durchdrungen von vielen Täuschungen.

Wenn du dich jetzt fragst, in welchem Beispiel du das auf dich projizieren könntest, dann schaue dir doch mal deine eigene Muttersprache an. Es fängt bei der Gesetzgebung der Grammatik an. Hier gibt es viele Dinge, von denen du keine Kenntnis hast. So ist es auch mit der endgültigen Wirklichkeit der Phänomene, einschließlich deiner eigenen Person. Du existierst zwar, aber du hast im Grunde nur ganz wenige Kenntnisse über deine Existenz, deinen Aufbau, deine Feinstofflichkeit und die mechanischen Dinge, die in deinem Körper vorgehen. Daraus resultiert, dass du aufgrund deiner Unwissenheit von dir und anderen Dingen allem ein eigenständiges Selbst zuschreibst, eine eigenständige und unabhängige Existenz.

Dieses Phänomen ist die grundlegende Unwissenheit, von der unser Denken besessen ist, ohne dass wir es wissentlich so veranlagen. **Aufgrund dieser unheilsamen Unwissenheit entstehen verschiedene Geisteszustände wie Hass und Begierde.**

Das vierte Siegel

Das vierte Sigel ist das Nirwana. Nirwana bedeutet, dass wir eine Beendigung unseres befleckten Geistes erfahren. Wir sind in dieser letzten Stufe von allen Leidursachen, wie etwa Gier, Hass oder Verblendung, völlig befreit. Du kannst das Nirwana durch Meditation auf dem Pfad erlangen.

Der Pfad der völligen Befreiung lässt sich in fünf Pfade unterteilen. Es gibt hier die Pfade der Ansammlung, der Vorbereitung, des Sehens, der Meditation und des Nicht-mehr-Lernens.

Der Weg der ersten beiden Pfade ist noch begleitet von befleckten Geisteszuständen. Erst ab der Erreichung des „Pfad des Sehens“ werden unbefleckte Geisteszustände erreicht. Mit diesem unbefleckten Geisteszustand kannst du alle Ursachen des Leidens vollständig aus deinem Sein eliminieren.

Jeder Geist ist von Natur aus ausgestattet mit einer natürlichen Reinheit. Jeder Geist ist frei und rein. Durch Meditation kannst du, auf dem Pfad wandernd, die vorübergehende Befleckung von Hass und Gier schrittweise beenden. So erlangst du eine natürliche Reinheit und bist befreit von der vorübergehenden Befleckung.

Die zweite Reinheit ist das Erreichen vom Nirwana bzw. die endgültige Befreiung des Geistes. Über den Dharma erfährst du diesen Weg ins Nirwana.

Es gibt zwei Arten des Dharma, einmal den mündlich überlieferten und einmal den schriftlich überlieferten. Dharma sind die Worte, die Buddha gesprochen hat und die Schriften, die dann aus der Tradition daraus entstanden sind. Zusätzlich existiert dort auch noch der erkenntnismäßige Dharma.

Hier wurden alle Tugenden und Erkenntnisse, die man durch die Praxis des Buddhismus erlangt, dargelegt und schriftlich aber auch mündlich in die heutige Zeit überliefert.

Das mündlich überlieferte Dharma besteht aus drei Schriften, welche von den Abhandlungen der Disziplin, den Lehren Buddhas, dem Erlangen des höheren Wissens und den drei Körben handeln. Im erkenntnismäßigen Dharma sind die Tugenden von der Beendigung, der Verwirklichung und der Konzentration, die man alle erhält wenn man den Pfad geht, dem Weg folgt und die Weisheit des eigenen Geistes niedergelegt.

All diese Phänomene – angefangen bei der Entwicklung der einzelnen Buchstaben, über die Worte bis zu den Grundlagen, die man aufgrund dieser Lehren im Geist entwickelt, bestehen zuerst aus der befleckten Natur.

Niemand kann von uns gleich am Anfang damit beginnen, seine unbefleckten Tugenden zu entfalten. Dies ist ein langer Weg, wobei jeder lernen muss wie er befleckt Heilsames entwickelt und es dann weiter und weiter, Stück für Stück in Unbeflecktes und Reines umwandeln kann.

Für jeden von uns ist es von Vorteil, wenn wir lernen, dass wir unsere Gedanken immer wieder auf die vier Siegel lenken und uns die Frage stellen, wie diese Dinge in wirklicher Existenz zu uns stehen.
Dabei geht es besonders um Dinge und Objekte, die für uns einen großen und attraktiven Reiz darstellen. Aber auch Dinge, die wir innerlich bereits für schädigend halten und die von uns mit Hass oder Begierde in uns gebracht werden.
Kannst du diesen Dingen eine Beständigkeit zukommen lassen?

Existieren diese Dinge aus sich selbst heraus oder besitzen sie kein eigenes Selbst?

Es ist ganz wichtig, dass du diesen Dingen immer wieder auf den Grund gehst und dich damit beschäftigst.
Im Buddhismus geht es darum, diese Themen immer wieder zu behandeln, sich immer weiter mit diesen Dingen auseinander zu setzen und sie in sich zu sammeln. Wenn du diese wunderbaren Informationen für dich erkannt hast, ist es ebenfalls ganz wichtig, dass du sie in dir aufnimmst. Lege sie nicht einfach in eine Schublade und belasse sie dort, da werden sie dir nicht weiterhelfen. Nimm sie stattdessen in deinen Bewusstseinszustand auf und behalte sie immer griffbereit bei dir. Nur so kannst du dir sicher sein, dass du in der letzten Stufe nicht wieder einen Rückfall bekommst.

Wie ist das nun genau, wenn ein Ding oder Produkt dich zu der Erkenntnis bringt, dass es unbeständig ist. Was bedeutet dies dann für dich? Nimmst du die Dinge in deiner Natur gewöhnlicher Weise als beständig oder als unbeständig wahr? Wie erlebst du es jeweils und entspricht das der eigentlichen Wirklichkeit der Dinge oder entspricht das der Wirklichkeit deines Selbst? Mache dir noch einmal an dieser Stelle Gedanken darüber, was es für dich und für die Dinge bedeutet, dass alles mit Leidhaftigkeit befleckt ist. Wie erscheinen dir nun die Dinge, die du für dich besonders erstrebenswert und attraktiv findest? Haben sie wirklich diese Attraktivität in sich, die deine Begierde erfüllen kann, oder gibt es in diesem Kontext vielleicht nicht auch Schwierigkeiten die dort verwoben sind, die dir die gewünschte Befriedigung nicht schlussendlich so bringen können, wie du es dir für dich gerne wünschen würdest?

Der wichtigste Punkt ist letztendlich, dass du eine Klarheit über all die Dinge erfährst. Klarheit über deine eigene Person, Klarheit über verschiedene Objekte, sowie Klarheit über dein Verlangen und deine Seins Zustände. Werde dir klar darüber, ob Dinge nur den Anschein machen, als würden sie aus sich selbst heraus existieren, oder ob sie wirklich unabhängig voneinander und von anderen sind. Erscheint dir eine Sache so, als hätte sie eine unabhängige Natur, oder kann es aus sich selbst heraus existieren und Dinge bewirken? Hat es aus seinem Selbst die Fähigkeit dir Freude oder Leid zukommen zu lassen? Inwiefern existiert ein Ding so vollkommen in seiner Eigenständigkeit, wie du es sonst für gewöhnlich wahrnimmst?

Wie lassen sich diese vier Siegel des Buddhismus nun in deinen Alltag integrieren?

Im ersten Schritt gilt es, dass du die Erkenntnis bekommst, dass alles, was existiert eine Unbeständigkeit hat. Zum Beispiel: pflücke dir ein Stück Obst oder ernte ein Gemüse.
Auch dieses hat in dieser Art eine jetzige Beständigkeit, doch die hat es nur für diesen Augenblick. Im nächsten Augenblick sieht dieses Stück Obst oder Gemüse schon wieder ganz anders aus. Und wenn du es ein paar Tage liegen lässt, hat es sein eigenes Selbst noch mehr verändert, ist für den Verzehr verdorben und nicht mehr genießbar. Mache dir bewusst, dass alles eine Vergänglichkeit hat. Nichts, was jetzt gerade ist, ist im nächsten Augenblick weiter so. Es ist ein fortdauernder Prozess des Wandels. Genau deswegen hat auch alles eine Unbeständigkeit. Du kannst nichts mit einer Gewissheit voraussagen. Denn alles ist im Wandel, ist somit ungewiss und unbeständig.

Beschäftigen wir uns weiter damit, wie es dir gelingen kann, den Weg des zweiten Siegels in dein Leben und in deinen Alltag einzubinden - denn alles ist befleckt mit Leidhaftigkeit.
Prüfe bei jedem Gefühl der Begierde und der Attraktivität, ob dieses Objekt nicht eine Leidhaftigkeit in dir auslöst.
Kann dieser Wunsch, wenn er in Erfüllung geht, wirklich all deine Wünsche erfüllen?

Egal ob es materielle Wünsche oder Güter sind, die du in deinen Besitz aufnehmen möchtest, frage dich bei allem, ob dieser Wunsch nur für diesen jetzigen Moment deine Bedürfnisse erfüllen wird, oder ob er fortwährend für dich von Bedeutung ist.

Dadurch wirst du vielleicht bald spüren, dass dieses oder jenes dich doch nicht ganz vollkommen erfüllt und du wirst schon wieder bald den Wunsch nach etwas Neuem und Besseren haben.

Fast jedes Jahr gibt es auf dem Markt neue elektronische Geräte. Seien es PCs, Smartphones oder das dazugehörige Zubehör. Der Markt steht nie still. Viele Menschen haben Begierden, dass sie immer das neueste Objekt benötigen. Doch macht dieses auf Dauer glücklich? Wird es dich vollkommen befriedigen? Oder, wenn etwas Neueres und anscheinend Besseres auf den Markt kommt, entstehen dann wieder neue Begierden, Wünsche und Verlangen in dir? Wenn es dann wieder Verlangen und Begierden in dir weckt, dann ist es ein beflecktes Objekt. Es kann dich nicht auf Dauer glücklich machen. Es wird nie deinen tiefsten Wunsch befriedigen und somit immer fortdauernd mit Leid und Problemen verbunden sein.

Kein Mensch ist von Natur aus allwissend und kennt die Wirklichkeit korrekt. Jeder hat ein Bewusstsein, das mit Täuschungen und Unwissenheit behaftet ist. Diesen Schritt erst einmal anzuerkennen und diese Tatsache in sich zu verinnerlichen, ist der beste Weg um das dritte

Siegel auf den Weg in die alltägliche Transformation zu führen.

Alle Phänomene sind leer. Wir erkennen nicht die Wirklichkeit, die wahre Existenz unseres eigenen Ichs. Niemand kennt jede Zelle, niemand kennt die genauen Abläufe, welche gerade im Körper passieren. Der Körper, die Natur, die Sprachen, die technischen Fortschritte, das alles sind solche Komplexitäten, dass niemand alles weiß und wissen kann.

In der Oberflächlichkeit kennen wir uns sicher mit bestimmten Dingen aus und wissen auch einiges darüber. Viele Menschen haben berufsbedingt ein Fachgebiet, mit dem sie sich sehr gut auskennen. Doch niemand weiß alles. Indem wir nur diese Oberflächlichkeit sehen, schreiben wir allem ein eigenes Selbst zu. Sprich eine eigene Existenz.

Doch es gibt nichts, was nicht ohne das andere funktioniert. Es ist immer ein Zusammenspiel verschiedener Dinge damit etwas gelingen, existieren oder funktionieren kann. Wenn du erkennst, dass bestimmte Dinge, Personen, kein eigenes Selbst haben und deine Denkweise dahingehend überarbeitest, hast du den großen Schritt in die Alltagstransformation getan.

Mache dir immer bewusst, welche Dinge voneinander abhängig existieren. Alles hat eine Art „Co-Abhängigkeit“. Denn wenn dir das nicht bewusst ist, dann ist in dir eine grundlegende Unwissenheit, die sich in deinem Denken und auch in deinem Handeln niederschlägt. Somit entstehen auch wieder unheilsame Geisteszustände wie Hass und Begierde. Auch hier bedingen die Geisteszustände selbst einander wieder. Das eine kann nicht ohne das andere und das eine bedingt wieder das andere.

Somit ist der Kreislauf auf Dauer gewährleistet. Erkenne für dich die Wirklichkeit, und du hast diesen Schritt in die richtige Richtung getan.

Wenn du dich von Gier, Hass und Verblendung vollständig befreit hast, dann bist du auf dem besten Weg, dass dein Geist völlig unbefleckt ist. Du bist auf dem Weg zu Nirwana.

Um den Weg ins Nirwana noch weiter zu vereinfachen, kannst du für dich die Meditation erlernen. Um ins Nirwana zu gelangen ist es wichtig, dass du alle Tugenden, die im Buddhismus überliefert wurden, für dich in deinen Alltag einbindest, verinnerlichst und lebst. Du wirst hier deine Disziplin schulen, deine Konzentration verbessern und die Weisheit deines inneren Geistes hervorbringen.

Im nächsten Schritt, stelle dir bei allem, was du tust oder machst immer wieder die oben aufgeführten Fragen. Beantworte sie dir. So kannst du sicher sein, dass du immer auf den rechten Weg wandeln wirst und den Buddhismus für dich leben kannst. So gelingt es dir garantiert, eine gute Praxis zu etablieren.

Der edle achte Pfad der Erkenntnis

In diesem edlen achten Pfad der Erkenntnis sind alle Lebensregeln von und für Buddhisten untergebracht. Jeder, der sich an diesen Regeln entlang hangelt und nach ihnen lebt, lebt genau in der Mitte zwischen Armut und luxuriösem Überfluss. Das Gute, das der buddhistische Glaube uns verspricht, wenn wir nach diesen Regeln leben, ist die Befreiung aus dem Leid und das Erreichen der Erleuchtung, Nirwana. Er wird ein Buddha. Dein Geist kann nicht wieder auf die Erde zurückkehren und findet sein Glück im Nirwana.

Die Regeln des achten Pfades der Erkenntnis sind:

1. Bemühe dich um Weisheit und bringe dein Verhalten immer in eine richtige Weise
2. Sei friedlich und gelassen, habe die Ruhe in dir
3. Lüge nicht
4. Füge keinem Lebewesen einen Böses zu und bestehle niemanden
5. Füge niemandem einen Schaden zu und bringe keine Zerstörung in die Natur
6. Erfülle deine Pflichten, gib dir immer Mühe in deinem Tun und achte deine Religion
7. Sei achtsam, bringe Besonnenheit in dein Denken und Handeln
8. Konzentriere dich, meditiere und denke über bestimmte Dinge nach

Der edle achte Pfad ist ein zentraler Punkt der buddhistischen Lehre. Von den buddhistischen Schulen wird er als wesentlicher und gemeinsamer Lehrinhalt angesehen.
Egal, an welcher Schule sich die Buddhisten befinden, dieser edle achte Pfad wird an allen Schulen gleich gelehrt. Er bildet die vierte der vier Edlen Wahrheiten des ursprünglichen Buddhas und gibt somit, wie oben beschrieben, die Anleitung, wie ein jeder es schaffen kann, ins Nirwana zu gelangen.

Diese acht Glieder sind unterteilt in drei Untergruppen.
Die erste Gruppe ist die Weisheit. Hierin enthalten sind die Pfade eins und zwei.
Der dritte Teil ist die Sittlichkeit. Hierin sind die Pfade drei bis fünf enthalten.
Die dritte Untergruppierung ist die Vertiefung. Hier sind die Pfade sechs bis acht untergebracht.

Der Weg, den Buddha lehrt, ist der Weg der Mitte. Hierin sollen alle Extreme gemieden werden. Die ersten beiden Glieder beziehen sich auf den achten Pfad, auf das Denken und die Motivation. Im Buddhismus fängt eine Handlung für den Praktizierenden nicht erst mit der Tat an sich an, sondern die Vorbereitung für eine Tat findet immer schon vorweg in Gedanken statt. Dieses geschieht bewusst sowie unbewusst. In den Gliedern 3-5 bezieht sich die Schrift auf ein sittliches Verhalten. Die letzten drei Glieder beschäftigen sich mit dem Training und der Kompensation des Geistes. In diesem Zustand erlangen wir das Wissen und den Zugang zu der letztendlichen, spirituellen Dimension, dem Nirwana.

Der Begriff des Pfades kann uns allerdings in der Bedeutung auch in die Irre führen. Mit dem Begriff „Pfad“ ist nicht eine lineare und geradlinige Auferstehung gemeint, in der man Stufe für Stufe nach oben erklimmt.

Jeder der einzelnen Pfade ist für sich eigenständig und von gleicher Wichtigkeit. Deshalb sollte jeder praktizierende Buddhist jedem Pfad auch die gleiche Beachtung zu Teil bringen und ihn in gleicher Weise praktizieren. Obwohl jeder Pfad für sich eigenständig ist, gibt es immer wieder Verstrickungen zwischen den einzelnen Pfaden. Es gibt immer wieder gegenseitige Abhängigkeiten und Durchdringungen.

Deswegen wird auch oft in plakativer, bildlicher Darstellung der edle achte Pfad als Rad dargestellt, in dem jeder einzelne Pfad eine Speiche des Rades bildet. Somit besteht jeder Weg für sich alleine, bildet aber mit den anderen Punkten eine Symbiose die immer wieder eine Querverbindung und Abhängigkeit miteinander bewirken.

Das Erlangen der vollkommenen Weisheit ist das Ziel jedes praktizierenden buddhistischen Anhängers. Er möchte seine Weisheit durch verschiedene Praktiken und Wege zum Erwachen bringen und somit den letztendlichen Zustand, das Nirwana erreichen.

Die verschiedenen Buddhas noch einmal im Überblick

Beim Betreten eines buddhistischen Klosters wird man mit immens vielen Bildern von Buddhas, Bodhisattwas und Gottheiten konfrontiert. Sie sind meist in verschiedenen Gemütsausdrücken plakatiert und sind immer sehr bunt, mit viel Farbe ausgestattet. Ich möchte hier noch einmal darauf eingehen, wie man die einzelnen Buddhas unterscheiden kann. Meist gibt es für jeden von ihnen eine bestimmte Symbolik, eine Charakteristik oder eine Farbe, welche die Erkennung einfacher macht.

Dabei ist es egal ob du in Tibet, in Sikkim, in Bhutan oder in Nepal ein Kloster betrittst. Manche von ihnen spielen in bestimmten Schulen eine größere Rolle, manche von ihnen eher eine untergeordnete.

Buddha Shakyamuni – der historische Buddha

Das ist der historische Buddha, der ca. 600 v. Chr. lebte und den Buddhismus gegründet hat. Er wird meist sehr geschmückt dargestellt und ist spärlich bekleidet. Er ist meist plakatiert auf einer Erleuchtungserhöhung und ist mit blauem Haar dargestellt. Er befindet sich in Meditationshaltung und hat in der linken Hand eine Almosenschale. Die rechte Hand berührt die Erde. Dadurch wird symbolisiert, dass Buddha die Erde als Zeugin aufgerufen hat, den unaufhaltsamen Weg zur Erleuchtung zu bezeugen. Seine Lieblingsschüler stehen zu seiner rechten und linken Seite.

Buddha Maitreya – der Buddha der Zukunft

In der Buddhistischen Lehre geht man davon aus, dass es 5 irdische Buddhas gibt. Diese sind jeweils einem der 5 Zeitalter zugeordnet. Buddha Shakyamuni bezeichnet den Buddha des jetzigen Zeitalters. Buddha Maitreya ist der letzte irdische Buddha im 5. Zeitalter. Im kommenden Zeitalter soll er die Menschen wieder zurück zum Buddhismus führen und als Weltenlehrer fungieren.

Maitreyas Sitzhaltung ist eher dem europäischen Sitzhaltungsstil angeglichen. Seine Füße berühren beim Sitzen den Boden. Diese Sitzhaltung symbolisiert, dass man aus ihr schnell wieder aufstehen kann, ein Zeichen, dass er bald kommen wird. Andere Interpretationen lassen auch den Raum, dass er auf Grund dieser Sitzhaltung aus dem Westen kommt.

In manch anderen Bildgebungen wird er aber auch im Stehen, mit einer Krone und von Blumen umringt, dargestellt. Die Fingerstellung, das Mudra, das ihm zugeordnet ist, ist die Geste, die für das Rad der Lehre anderer steht. Denn der Buddhismus wird auch oft als symbolisches Rad dargestellt.

Avalokiteshavara – Bodhisattwa des Mitgefühls

Bodhisattwas sind erleuchtete Wesen, die aus Mitgefühl den Lebewesen gegenüber nicht in das Nirwana übergehen und ihnen auf dem Weg der Erlösung helfen. Dieser Bodhisattwa gilt dem Mitgefühl, aber auch als Schutzpatron Tibets.

Es gibt 108 verschiedene Erscheinungsformen des Avalokithesvara. Wobei 108 auch eine heilige, buddhistische Zahl darstellt. Eine der häufigsten Erscheinungsformen ist jedoch die, dass sie mit elf Köpfen und 1000 Armen plakatiert wird. Auf den Handflächen der 1000 Arme erkennt man ihr Auge des Mitgefühls. Das wichtigste Erkennungsmerkmal ist Buddha Amithaba der in der Krone oder in der elfköpfigen Darstellung als letztes Gesicht auf der Spitze des Hauptes thront.

Manjushri – Bodhisattva der Weisheit

Manjushri ist ebenfalls ein Bodhisattwa. Er gehört der Weisheit und der Literatur an. Er stellt somit ein großes Augenmerk für die Gelehrten und Studenten dar und wird oft gerufen, wenn es um die Kraft der Erkenntnis und die Befähigung des Gedächtnisses geht.
Er ist sehr leicht an dem Schwert, das er bei sich trägt, zu erkennen. Das Schwert ist im Buddhismus ein Symbol für die Weisheit, mit der das Band der Ignoranz und Unwissenheit durchschnitten wird. Ein weiteres, sehr wichtiges Symbol ist ein Buch, das auf einer Lotusblüte thront.

Mahkala – der Schützer

Er ist Anhänger des Dharmapalas und somit ein Schützer der Religion. Hierzu gehören insbesondere alte tibetische Geister, Gottheiten und Dämonen, die den Padmasambhava zum Buddhismus hin bekehren wollen. Sie sind meist zornig dargestellt. Mahakala ist zurückzuführen auf die hinduistische Gottheit Shiva. Hiervon gibt es auch mehrere Erscheinungsformen, in der Anzahl 75, die nicht immer leicht zu erkennen sind. Meistens jedoch wird er aufrecht dargestellt, in der vorderen linken Hand trägt er eine Schädelschale und in der Rechten ein Hackmesser mit welchem alle negativen, materialistischen Haltungen zerstört werden sollen. In beiden hinteren Händen, trägt er einen Dreispitz und einen Stock. Er ist bekleidet mit einem Tigerfell und steht auf zwei ausgestreckten Emanationen seines Selbst und trägt einen Gürtel aus Köpfen. Er hat drei Augen und fünf Schädelkronen die für die Transformierung der Geistesgifte Hass, Gier,

Stolz, Neid und Ignoranz stehen. Diese grausamen Attribute stellen die unermüdliche Entschlossenheit dar, dass er selbst das Schrecklichste zu erlösen mag.

Tara – weibliche Gottheit

Sie ist eine weibliche Bodhisattwa. Von ihr gibt es fünf verschiedene Formen. Eine grüne, eine weiße, eine blau, eine rote und eine gelbe.
Sie gilt als Beschützerin und bewahrt die Menschen vor den acht großen Lebensgefahren - Stolz, Verblendung, Zorn, falsche Ansichten, Eifersucht, Geiz, Zweifel und Begierde. Die Taras unterscheiden sich meist durch ihre unterschiedlichen Fußhaltungen.
Die weiße Tara wird oft in einer Meditationshaltung dargestellt, bei der grünen Tara ruht der rechte Fuß auf einer kleinen Lotus Blüte, bei der weißen Tara findet sich das Auge des Mitgefühls auf der Stirn, den Hand- und Fußinnenflächen. Als weiteres Symbol wird der voll erblühte, weiße Lotos, welcher auch für den Tag steht, oder das Symbol des blauen, geschlossenen Lotus, Symbol für die Nacht, dargestellt. Die rechte Hand zeigt nach unten, welches die Geste der Wunschgewährung darstellt, die linke, zeigt nach oben, welches das Symbol

der Schutzgewährung darstellt.

Padmasambhava – Guru Rinpoche

Er stellt den Lotusgeborenen dar. Er ist der historische, fassbare Begründer des tibetischen Buddhismus. Er wird als der Gründer der ältesten Schule des tibetischen Buddhismus, der Nyingma- Schule geachtet. Von ihm gibt es acht verschiedene Erscheinungsformen.
Die häufigste der Darstellungsformen ist jedoch recht einfach zu erkennen. Er besitzt einen speziellen Hut, der hochgeschlagene Ohrklappen und eine Feder an der Spitze hat. Und, was so in der Darstellung fast gar nicht plakativ ist, trägt er einen Bart.
In der linken Hand hält er eine Schädelschale die mit Blut gefüllt ist und in der rechten Hand den Donnerkeil. In der linken Armbeuge trägt er den magischen Stab, meistens mit einer flammenden Dreizack-Spitze.

Palden Lhamo - wilde Beschützerin

Sie stellt eine alttibetische, weibliche, Schutzgöttin dar. Sie findet ihre Verehrung in den Gelugpas und gilt als Schutzpatronin der Lhasa und des Dalai-Lamas. Sie gilt ebenfalls als die vollkommene und zornvolle Wahrwerdung der Tara. Sie wird reitend durch ein Meer aus Blut dargestellt. Sie ist schwarzblau, hat hängende Büsten und flammende Augenbrauen sowie einen Schnurrbart. In der Hand trägt sie einen Kinderschädel, welcher einer Verbindung des Inzestes entspringt. Eine Schnur aus 15 abgetrennten Köpfen umschlingt ihren Körper. An ihrem Bauchnabel ist eine Scheibe der Sonne platziert.

Tsongkhapa – Religionsgründer

Er ist eine historisch gelehrte Person, der die letzte der vier Hauptschulen des tibetischen Buddhismus gründete, die Gelugpa. Er trägt eine gelbe Mütze, die nur den Gelugpa vorbehalten ist, die Hände hat er im Mudra, der Geste des Rades. In einem Lotus befindet sich jeweils an seiner rechten und linken Seite ein Schwert, welches auch hier als Symbol der Weisheit gilt.

Vajrapani – Bodhisattva der Macht

Er wird gerne mit Mitgefühl und Weisheit dargestellt. Plakatiert wird er in seiner Manifestation, die mit Zorn erfüllt ist. Auch er trägt ein Tigerfell und in der linken Hand hält er eine Fangschlinge. Hiermit kann er Widersacher des Buddhismus einfangen und fesseln. In der rechten Hand hat er eine Dorje und auf dem Kopf ziert ihn eine Krone. Seine Gestalt wird von Flammen umrandet.

Ich wünsche dir nun viel Spaß bei deinem Einstieg in den Buddhismus und auf den Weg ins Nirwana.

Namaste!

Tauche ein in die spirituelle Welt und verstehe die Bedeutung aller sieben Chakren!

Chakren befinden sich sowohl in und außerhalb des Körpers, in diesem Buch erfährst du alles von der Funktion, der Reinigung und der Ausgewogenheit deiner Chakren.

- Überwinde Depressionen und Kraftlosigkeit
- Vertreibe Freudlosigkeit oder Schuldgefühle aus deiner Psyche
- Verhindere körperliche Überlastung, Verlustängste und Stress
- Erhalte Selbstbewusstsein und erreiche deine Ziele
- Egal ob Trauer, Kummer oder Müdigkeit. Geheilte Chakren helfen dir
- Erhalte das richtige Mindset um erfolgreich und glücklich im Leben zu stehen

Ein **glückliches und erfolgreiches Leben**ist nicht vom Geld oder Job abhängig. Es geht um die Mentalität und deine Einstellung. Eine innere Ausgewogenheit ist der **Schlüssel zum Erfolg**, nutze deshalb die göttlichen Energien der Chakren für dich.

ISBN: 1719864799

Positives Denken: Durch positives Denken Glücklich, selbstbewusst und erfolgreich werden!

Nutze die Macht der Gedanken um jede Depression zu überwinden, deine Ziele zu erreichen oder um erfolgreich in jeglichem Lebensabschnitt zu sein.
Was hält uns davon ab selbstbewusst, glücklich und erfolgreich zu werden? Nutze die Kraft der Gedanken um alle deine Ziele zu erreichen.

In diesem Buch wirst du lernen wie du deine Gedanken in die richtige Richtung lenken kannst und dein Positives Denken fördern wirst für mehr:

☆Glück
☆Selbstbewusstsein
☆Erfolg
☆Zufriedenheit

ISBN-10: 1717880169

Meditation für Anfänger: Wie Einsteiger richtiges Meditieren lernen inkl. Schritt für Schritt Anleitung

Meditation bringt dich, deinen Körper, deinen Geist und deine Seele in Einklang. Mit diesem Buch erhältst du den perfekten Einstieg in die Praxis und wirst Schritt für Schritt zu deiner ersten Meditation-Erfahrung begleitet.

- Verhindere körperliche Überlastung, Ängste und Stress
- Überwinde Depressionen oder Kraftlosigkeit
- Vertreibe Freudlosigkeit oder Schuldgefühle aus deiner Psyche
- Erhalte das richtige Mindset um erfolgreich und glücklich im Leben zu stehen

Ein **glückliches und erfolgreiches Leben** ist nicht vom Geld oder Job abhängig. Es geht um die richtige Einstellung, die Mentalität und innere Ausgewogenheit. Eine innere Ausgewogenheit ist der **Schlüssel zum Erfolg**, nutze deshalb die göttliche Macht des Meditierens für dich.

ISBN: 1731121075

1. Auflage

Kontakt: Michael Stoiber / Otterbachstr. 33 / 85301 Schweitenkirchen

Fotos: depositphotos.com

Printed in Poland
by Amazon Fulfillment
Poland Sp. z o.o., Wrocław

64133055R00047